PROJET

pour l'établissement

BANQUE MUTUELLE

PARIS,

IMPRIMERIE DE W. REMQUET ET COMP.

RUE GARANCIÈRE, 5, DERRIÈRE SAINT-SULPICE.

1849.

PROJET

POUR L'ÉTABLISSEMENT

D'UNE

BANQUE MUTUELLE.

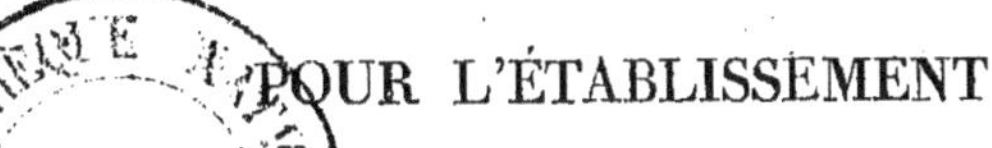

Depuis la révolution de Février, le Commerce a besoin d'un établissement où il puisse faire escompter tout son papier à tout moment
et à des conditions modérées, comme le faisaient, et mieux encore, s'il
est possible, les maisons Baudon, Ganneron et Gouin. Ces maisons n'ont
pas été remplacées par le Comptoir National qui, lié par ses statuts, ne
peut offrir au commerce les facilités dont il a besoin; ne peut opérer
à bon marché à cause du mode et des charges de son administration, et
enfin n'est pas goûté par les négocians, auxquels il n'offre pas de gages
suffisans d'impartialité et de discrétion pour le papier qu'ils présentent
à l'escompte. Le Comptoir n'a d'ailleurs été institué que temporaire-
ment par le gouvernement provisoire, dans des conditions exception-
nelles, et avec des vues qui n'ont pas pu être remplies. Par cette raison,

et d'autres qu'il est inutile d'indiquer ici, le Comptoir National ne donne pas au Commerce les garanties de stabilité et d'avenir nécessaires à la tranquillité d'esprit des cliens, et à la prospérité de tels établissemens. Ces réflexions m'ont porté à soumettre aux Négocians et aux Commerçans le projet suivant d'un Établissement, pour l'escompte et le recouvrement de toutes valeurs, qu'on pourrait nommer Banque Mutuelle.

1° Il serait formé entre tous ceux qui adhéreraient aux statuts, une Société anonyme ou en commandite, dont le but serait l'escompte et le recouvrement des valeurs sur Paris, les départemens et l'étranger; les paiemens à domicile, etc., sous le titre de Caisse mutuelle d'escompte. Sa durée serait de dix années, et pourrait être prorogée.

2° Le Capital social serait d'au moins 1,500,000 francs, et pourrait être augmenté.

3° Chacun des Associés-commanditaires souscrirait pour 12,000 francs au moins, dont le tiers seulement serait versé en espèces; les deux autres tiers ne pourraient pas être appelés, et resteraient comme Capital de garantie pour répondre des engagemens de la Caisse en cas de liquidation. Les engagemens des souscripteurs resteraient dans les bureaux de la Caisse, ou ils seraient déposés à la Banque de France.

4° Les souscripteurs ou Associés-commanditaires seraient les seuls cliens de la Caisse : ils seraient donc fortement intéressés à contrôler leur solvabilité réciproque.

5° Dès que la Société serait formée, aucun nouveau client-associé ne pourrait être admis qu'avec l'assentiment du Directeur et de deux membres du Conseil de surveillance.

6° Les opérations de la Caisse seraient conduites par un Directeur nommé par la majorité des Associés, qui pourrait toujours le révoquer.

7° Les Associés-commanditaires nommeraient parmi eux un Conseil de surveillance, composé de trois ou cinq personnes qui auraient le droit d'examiner à chaque instant les livres, la caisse, le portefeuille, la correspondance, etc. Ce Conseil pourrait convoquer une assemblée générale dans le cas où le Directeur aurait enfreint les statuts, et après les explications échangées de part et d'autre, l'Assemblée pourrait changer le Directeur ou le Conseil de surveillance.

8° Le Directeur pourrait s'adjoindre des fondés de pouvoirs, avec l'approbation du Conseil de surveillance.

9° Le traitement du Directeur serait fixé chaque année par le Conseil de surveillance.

10° Les traitemens des fondés de pouvoirs et des employés seraient fixés par le Directeur.

11° Les valeurs à deux signatures et plus, sur Paris et sur les autres places admises par la Banque de France, seraient reçues par la Caisse et présentées de suite à la Banque, pour le net être mis à la disposition des cliens, lorsque la Banque aurait crédité la Caisse. Les valeurs refusées par la Banque seraient rendues aux cliens, et elles ne pourraient plus être reçues qu'à l'encaissement, c'est-à-dire pour être portées au crédit des cédans, après les échéances. Le Directeur pourrait cependant, avec l'assentiment de deux membres du Conseil de surveillance, conserver en portefeuille ou négocier à des tiers le papier de tout repos, lorsqu'il y aurait des fonds en Caisse, ou qu'on lui proposerait des conditions avantageuses pour la Société.

12° Les valeurs à une signature et plus, sur les départemens et l'étranger, seraient reçues par la Caisse au recouvrement, et le montant en serait mis à la disposition des cédans dix jours après l'échéance. Ces valeurs pourraient aussi être escomptées dans la proportion fixée par le Directeur ; mais aucun bordereau ne serait payé intégralement : une partie serait retenue pour couvrir les effets impayés qui seraient renvoyés en compte, et le solde serait mis à la disposition du client après les échéances.

13° La Caisse prélèverait une commission de 1/8 °/₀ sur la totalité des comptes, et elle ne ferait pas d'autres bénéfices sur ses cliens ; elle prendrait par conséquent au pair et au taux de la Banque, c'est-à-dire à 4 °/₀ en ce moment, le papier désigné ci-dessus (art. 11) ; et pour les autres valeurs, elle ne compterait que les changes de place qu'elle aurait payés ; elle ne réclamerait également que les déboursés réels sur les effets impayés. Il est superflu de faire remarquer les avantages que les cliens recueilleraient de ce mode.

14° La Caisse se mettrait en rapport dans les départemens et à l'étranger avec des maisons, pour le recouvrement de son papier ; elle pourrait faire les paiemens de ces correspondans à Paris ; se charger pour leur compte de l'encaissement, du recouvrement, de ventes et achats de toutes sortes de valeurs ; mais sans faire aucune avance de Caisse, et de manière à ne courir avec eux d'autres risques que ceux provenant des recouvremens qui leur auraient été confiés. Les bénéfices que donneraient ces relations seraient naturellement ajoutés à la commission de 1/8 °/₀ au profit de la Société.

15° La Caisse ne recevrait pas de fonds à intérêts ; ces dépôts ayant été souvent une cause d'embarras et de périls pour d'anciennes maisons de banque.

16° Un bureau de renseignemens bien organisé donnerait gratuitement aux cliens toutes les informations qu'ils demanderaient sur leurs commettans de Paris ou du dehors, et servirait naturellement de guide au Directeur dans ses rapports avec les cliens. Il y aurait aussi un bureau du contentieux chargé de suivre, pour le compte des cliens, les recouvremens litigieux, à des conditions qui seront ultérieurement fixées.

17° Les bénéfices de la Société seraient répartis entre les associés-commanditaires, le Directeur et les employés, dans la proportion qui serait déterminée à la première assemblée générale, chargée d'établir les statuts définitifs.

18° En cas de perte de 50 % du capital, le Directeur convoquerait immédiatement tous les associés en assemblée générale, pour statuer sur la liquidation de la Société ou sur toute autre proposition faite par lui ou par un autre membre de l'assemblée.

19° Pour toute opération qui se présenterait et qui n'aurait pas été prévue dans les statuts, le Directeur ne pourrait la traiter que s'il obtenait l'assentiment signé de la majorité du Conseil de surveillance.

20° En cas de décès ou de démission du Directeur, le Conseil de surveillance pourvoirait de suite à l'administration de la Caisse, et convoquerait l'assemblée générale appelée à nommer un nouveau Directeur.

21° En cas de décès ou de démission d'un des membres du Conseil de surveillance, les autres membres nommeraient leur nouveau collègue, afin que le Conseil fût toujours au complet.

22° Une assemblée générale aurait lieu de droit chaque année, et serait convoquée par le Directeur, pour entendre le rapport sur les opérations de la Société ; approuver les comptes et la distribution des dividendes, s'il y avait lieu ; maintenir le Directeur et le Conseil de surveillance, ou leur désigner des remplaçans. Dans le cas où le Directeur aurait à consulter l'assemblée sur des modifications à faire aux statuts, ou sur toute autre proposition, la lettre de convocation en ferait part.

Il me semble qu'une Société établie sur ces bases, renfermerait des gages de sécurité, d'impartialité, de prospérité et d'avenir, et qu'elle répondrait bien aux besoins du commerce. Ses bénéfices propres seraient minimes, mais aussi ses risques seraient insignifians. Les garanties qu'offrirait aux cliens-associés l'organisation de la Caisse mutuelle d'escompte ; sa stabilité dans les momens de crise ; les conditions auxquelles serait escompté ou recouvré leur papier ; la certitude que ces conditons ne seraient pas changées selon le caprice ou la position du banquier ; l'assurance que le Directeur n'écouterait pas ses préférences ou ses antipathies, puisque la Banque de France serait le conseil d'escompte de la Caisse ; tous ces avantages, et d'autres encore que le commerce saura comprendre, me paraissent de nature à féconder une idée que je soumets à l'appréciation des négocians et commercans de la capitale.

CHANTROT,

Ancien chef du portefeuille de J. LAFFITTE,
et de MM. A. GOUIN ET Cie,

19, rue Laffitte.

Janvier 1849.

————◊◙◊————

Parmi les personnes compétentes auxquelles j'ai soumis le projet ci-dessus, quelques-unes m'ont fait les deux seules objections suivantes :

« 1° *Trouverez-vous facilement des capitaux pour fonder votre* « *Caisse, à cette époque où le commerce est si gêné, et où l'opinion* « *publique tient les établissemens de banque en suspicion, par suite* « *des catastrophes financières qui ont éclaté depuis un an?* »

C'est précisément parce que l'on a moins de confiance que par le passé dans les établissemens de banque, tels qu'ils ont été constitués jusqu'à présent, que les négocians devraient s'entendre pour les remplacer par un commis ou caissier en position de donner une signature ayant quelque valeur, qui serait chargé de négocier leur papier aux meilleures conditions possibles; de faire le paiement de leurs mandats, factures, etc.; de leur tenir lieu à-la-fois de caissiers et de banquiers. Ce commis, Directeur de la Caisse mutuelle, serait nommé par les négocians eux-mêmes qui pourraient, s'ils le jugeaient à propos, exiger de lui un cautionnement, et le révoquer en cas de mauvaise gestion. Ses pouvoirs seraient d'ailleurs limités, et ses fonctions ne demanderaient que de l'ordre et de la probité.

Il serait inutile d'avoir beaucoup de capitaux pour faire marcher la Caisse mutuelle d'escompte, puisque son but serait de remplir à-peu-près l'office de courtier chargé de placer, au mieux possible, le papier de ses cliens, et que toute spéculation ou opération chanceuse serait rigoureusement interdite au Directeur. Il n'y aurait donc besoin de fonds que pour le remboursement des effets que la Caisse aurait négociés et qui, n'étant pas payés, devraient être remboursés le lendemain par les cédans ; et pour quelques avances sur le papier déplacé. Le fonds de roulement qui se composerait des excédans de caisse des cliens, suffirait et au-delà, pour parer à ces besoins.

Si le chiffre de 1,500,000 fr. paraît élevé, je ferai observer que pour fonder le crédit de la Caisse, il est nécessaire que son capital ait quelque importance ; que le tiers seulement, soit 500,000 fr., doit être versé ; qu'on pourrait même réduire ce capital effectif, si l'assemblée générale le jugeait à propos ; enfin, qu'il serait de l'intérêt de la Caisse qu'il y eût le plus possible de sociétaires, et que c'est dans ce but que j'ai indiqué un chiffre qui peut paraître élevé pour le genre d'opérations dont il s'agit. Si la somme de 500,000 fr. était fournie par cent ou deux cents bonnes maisons plutôt que par dix ou vingt, l'avenir de l'établissement serait assuré, et je suis certain qu'après quelque temps d'existence, la Caisse mutuelle pourrait sans danger offrir à ses co-associés le remboursement d'une forte partie de leurs fonds, et opérer sur une grande échelle, presque sans capital effectif, et au moyen de son crédit et de son fonds de roulement.

2° « *Votre commission de 1/8 °/₀ sera-t-elle suffisante pour couvrir*
« *vos pertes et vos frais, quand on songe surtout que vos escomptes*
« *porteront presque exclusivement sur du papier de second*
« *ordre ; celui de premier ordre allant directement à la Banque de*
« *France? »*

Cette commission me paraît suffisante pour couvrir les risques et les
frais ; car ordinairement les anciennes maisons d'escompte se conten-
taient de cette prime, et cependant elles éprouvaient souvent de fortes
pertes d'intérêts sur les fonds qu'on leur remettait, et qu'elles conser-
vaient en caisse, soit faute d'emploi immédiat ou pour parer aux de-
mandes qu'on pourrait leur faire ; elles étaient quelquefois obligées,
pour utiliser leur argent, de prendre des valeurs plus ou moins chan-
ceuses ; le deuxième contrôle de la Banque de France leur manquait
souvent ; et, malgré cela, elles réalisaient assez de bénéfices pour distri-
buer de beaux dividendes à leurs actionnaires. La Caisse mutuelle, né-
gociant de suite la majeure partie des effets qui lui seraient remis, et
principalement ceux qui ne seraient pas de premier ordre, aurait un
deuxième contrôle ; elle ne supporterait pas de pertes d'intérêts sur les
fonds en caisse, puisqu'elle n'en bonifierait pas ; et par conséquent elle
n'aurait pas besoin de courir après les affaires ; elle les attendrait pour
accueillir les bonnes et repousser les mauvaises ; enfin, son but ne serait
pas d'offrir des dividendes plus ou moins forts aux capitalistes qui
voudraient faire un bon placement, mais bien d'assurer aux Commerçans la négociation de leurs valeurs aux meilleures conditions possibles,
et en tout temps. Là serait pour eux l'avantage réel ; et quand même
les capitaux qu'ils auraient versés pour fonder la Caisse mutuelle ne
leur rapporteraient pas de dividendes, ce qui n'est pas probable, ils

auraient encore à se féliciter à cause de l'économie qu'ils auraient réalisée dans le placement de leur papier.

Il est nécessaire que la commission ne soit pas plus élevée, afin qu'on n'ait pas avantage à porter ailleurs les bonnes affaires. Le papier de premier ordre ne peut aller à la Banque qu'autant qu'il a trois signatures, et les bonnes maisons obtiennent, dans les temps ordinaires, cette troisième signature moyennant $1/8$ %; il ne faudrait pas que ce papier échappât à la Caisse mutuelle, non plus que les belles valeurs sur Londres, etc.; il faudrait, au contraire, que tous les cliens-associés lui remissent tout leur papier et qu'ils eussent un avantage bien réel à le faire. Les risques de la Caisse se trouveraient réduits proportionnellement; et la commission de $1/8$ % produirait assez pour parer aux pertes et aux frais, et même pour donner un dividende aux intéressés.

Par excès de prudence, on pourrait dire que la commission de $1/8$ % serait augmentée momentanément à la suite d'une décision de l'assemblée générale, si la Société avait éprouvé des pertes plus considérables que le produit de cette prime, comme cela se fait dans des compagnies d'assurance mutuelle.

On m'a demandé aussi si le moment était opportun pour créer un établissement d'escompte, alors que le papier escomptable diminue journellement, comme le prouvent malheureusement les comptes-rendus hebdomadaires de la Banque de France.

Si le commerce devait toujours aller en décroissant, il serait en effet inutile de rien fonder; mais la France ne peut rester longtemps dans un tel état de langueur, et elle possède trop d'élémens de richesses et d'ordre pour se condamner volontairement au désordre et à la misère. Il y a donc lieu de croire qu'elle aura repris bientôt sa marche ordinaire et progressive, pour conserver son rang parmi les nations. Il ne faut pas attendre que cette prospérité renaisse, et qu'on ne sache plus où négocier son papier, pour créer un établissement qui faciliterait d'ailleurs la reprise des affaires, puisqu'il répondrait aux besoins du commerce.

Le papier est recherché maintenant parce qu'il est rare et qu'il ne se fait pas d'affaires à terme ; mais à quelles conditions les négocians trouveraient-ils de l'argent contre de bonnes valeurs si, les affaires reprenant de l'activité, le papier devenait plus abondant que l'argent ? Qu'ils interrogent le passé. D'ailleurs, n'est-il pas permis de croire que l'absence d'établissemens stables, escomptant le papier à deux signatures sur Paris, et celui sur les départemens à des conditions raisonnables, a contribué à la langueur des transactions commerciales ?

Je crois donc qu'il y aurait convenance et opportunité pour le commerce à s'occuper dès maintenant de fonder un établissement au sujet duquel l'un des principaux membres du Comité des finances à l'Assemblée nationale, et des plus compétens sur ces sortes de questions, a bien voulu formuler ainsi son opinion :

« *Je viens de lire votre projet d'une Caisse mutuelle d'escompte,*
« *et j'aime à vous dire que j'en approuve complétement la pensée*
« *et le principe. Cet établissement aurait deux mérites à mes yeux :*
« *de faire de l'escompte à bon marché, et de pouvoir résister aux*
« *crises politiques et commerciales. Je désire donc que vous puissiez*
« *réussir dans cette création.* »

Si les bonnes maisons de Paris, à qui cet écrit est destiné, partagent cette opinion, il sera facile de créer, aussi promptement qu'elles le voudront, un établissement destiné à leur rendre d'importans services dans l'avenir, et à diminuer dans une forte proportion, les terribles conséquences des crises politiques et commerciales.

CHANTROT,

19, rue Laffitte.

Février 1849.

178